AF319851

HARANGVES
FAITES
SVR DIVERS SVIETS
PAR MONSIEVR
FOVRNIER.

Président en l'Eslection de Paris.

Le vingtiéme Fevrier 1647.

A PARIS,

Par DAMIEN FOVCAVLT, Imprimeur & Libraire
ordinaire du Roy, & de la Maison
de Ville, Au Palais.

M. DC. LXIV.
Auec Priuilege de sa Majesté.

REMONSTRANCE FAITE

au Conseil le vingtième Février mil six cent quarante - sept , en presence de son Altesse Royale, par ledit Sieur Fournier , President en l'Eslection de Paris , assisté des Officiers d'icelle; contre le restablissement d'vn Office de Commissaire Examinateur en ladite Eslection.

MONSEIGNEVR,

Nous paroissons en cette Auguste Compagnie aux yeux de vostre Altesse Royale, auec l'esprit de respect, de deuoir & de submission, qui nous oste la crainte de vous estre à charge, & nous donne l'esperance d'vn succez fauorable de nostre cause. Pour y paruenir, MONSEIGNEVR, & vous en informer particulierement : nous vous dirons que le Roy Henry le Grand, de tres-heureuse memoire, Pere de Voftre Altesse Royale fut obligé en l'année mil cinq cens quatre-vingt dix-huict, pour

A

ſubuenir à la neceſſité de ſes affaires , de créer dans toutes les
Eſlections de ce Royaume des Commiſſaires Examinateurs ,
dont les deniers furent en partie deſtinez à l'acquit des deb-
tes , qui auoient eſté contractées par Noſſeigneurs les Princes
de Conty & Comte de Soiſſons , combattans ſous ce bon Roy
pour la conqueſte de ſon Royaume. Il n'y a point de doute ,
que ceux dont à preſent nous tenons les places furent bien ſatisfaits , quand ils ſçeurent qu'ils auroient à traiter auec de ſi
grands & de ſi genereux Princes : & de fait leur eſperance
ne fut pas vaine ; car ayant eu cet honneur de les aborder ,
pour les ſupplier tres-humblement de conſentir la ſuppreſſion
de cet Office ſi prejudiciable aux Officiers de ladite Eſlection , & à tous les contribuables aux Tailles : Alors ces Princes par vne bonté extraordinaire , naturelle toutefois au Sang
Royal de Bourbon , preferant l'intereſt des Officiers & des
Peuples au bien de leurs affaires particulieres , conſentirent
qu'à l'égard de l'Eſlection de Paris ſeulement , il ne s'y feroit
aucun eſtabliſſement de Commiſſaire Examinateur , & qu'il
demeureroit ſupprimé. Apres vn deſiſtement ſi ſolemnel ,
nos predeceſſeurs auec grande confiance s'adreſſerent au
grand Henry Pere de voſtre Alteſſe Royale. Ce Roy ſi bien
faiſant qui aymoit mieux le cœur que la bource de ſes Officiers , ayant veu le conſentement des Princes de ſon Sang ;
Ordonna par Arreſt de ſon Conſeil du dix-ſeptiéme Septembre mil ſix cens vn , que l'Office de Commiſſaire Examinateur creé en cette Eſlectió demeureroit eſteint & ſupprimé, ſans
qu'à l'aduenir pour quelque cauſe & occaſion que ce fuſt, il y
puſt eſtre reſtably. A l'abry de cet Arreſt , ainſi que des Palmes de ce grand Roy, nous reſpiraſmes quelque temps , &
fuſmes en repos iuſques en l'année mil ſix cens trente-trois,
que quelques Traitans, du nombre de ces Marchands d'ini-
quité , qui font trafic des miſeres d'autruy, & qui eſtabliſſent
leurs fortunes ſur les fleaux de Dieu , voulurent faire reuiure
cet Office qui auoit eſté ſupprimé par ce bon Roy. Auſſi-toſt
que nous en euſmes l'aduis nous les fuſmes trouuer, & leur
fiſmes entendre que cet Office de Commiſſaire Examinateur
ne deuoit pas eſtre reſtably en l'Eſlection de Paris : Nous
leur communiquaſmes l'Arreſt du Conſeil interuenu , du
conſentement de noſdits Seigneurs les Princes ; ils refuſerent
d'abord de nous entendre : Et apres beaucoup de ſollicita-
tions , touchez des raiſons que nous leurs aportaſmes , ils
nous promirent que cet Office ne ſeroit point reſtably en cette

Eſlection

Eslection, & qu'ils nous traitteroient en Princes, ce que nous creusmes facilement, ayant reconnu durant le cours de nos sollicitations, qu'ils ne viuoient pas seulement en Princes, mais en Rois : Leurs promesses ne furent pas à nostre égard de longue durée ; car voyant que ces Offices de Commissaires Examinateurs n'estoient pas d'vn grand debit dans les Prouinces, l'affaire changea de face, faisant vne taxe sur chacun des Officiers des Eslections de ce Royaume, pour ioüir d'vne attribution de seize sols pour Parroisse. Et pour faire passer plus facilement cette nouuelle taxe, dont la finance estoit assez considerable, ils firent dans l'Edict couler ces mots, que sa Majesté voulant gratifier les Officiers des Eslections, vouloit & entendoit que les Offices de Commissaires Examinateurs créez en mil six cens trente-trois demeurassent supprimez, à la charge que les pourueus desdits Offices ou porteurs de quittances d'iceux seroient remboursez par les Traittans, des deniers prouenans de ladite attribution de seize sols. Et en ce rencontre, MONSEIGNEVR, nous demandons à vostre Altesse Royale vn peu d'attention, s'il luy plaist : On a voulu faire passer les pourueus d'Office, & les porteurs de quittances pour estre d'vne mesme nature, qui est pourtant bien differente, d'autant qu'vn pourueu d'Office, & receu en iceluy ne peut estre depossedé que par forfaicture, ou par vn remboursement effectif de sa finance ; mais on n'en vse pas de la sorte à l'endroit de celuy qui n'a iamais esté instalé en vn Office, comme nostre partie qui n'est qu'vn simple porteur de quittance, ce qui est clairement iustifié au procez : & quelle raison de considerer si fauorablement vn porteur de quittance, qui peut ioüir de la finance attribuée audit Office sans en faire la fonction ? c'est vne affaire de partie à partie : le Roy n'y a point d'interest : c'est la cause d'vn Traitant seulement, qui comme vn Patissier, faute de debiter sa marchandise, la mangera. Nous croyons que cette façon de parler ne déplaist pas à vostre Altesse Royale. Elle vous fait rire, MONSEI-GNEVR, & cette Illustre Compagnie, presage gracieux, qui nous flatte que nostre partie n'en fera pas autant à l'issuë de cette cause, qui cherchant tous les moyens imaginables pour nous trauailler, s'aduisa de presenter Requeste à la Cour des Aydes, pour estre receu audit Office de Commissaire Examinateur ; Nous formasmes opposition à cette reception, & sur icelle la cause fust appointée à écrire & produire, à quoy ayant satisfait de part & d'autre, sur les Conclusions de

B

Monſieur le Procureur General en ladite Cour , interuint l'Arreſt contradictoire du huictiéme Avril mil ſix cens quarante-quatre, par lequel noſtre partie fuſt deboutée de ſa demande pour le faict de la reception audit Office , & condamné aux dépens, que nous luy auons gracieuſement remis , ſans luy en auoir depuis ce temps là fait aucune demande , portez de cet eſprit de charité de faire touſiours du bien à ceux qui nous font du mal. Voila , MONSEIGNEVR , l'eſtat veritable de noſtre differend, & tout ce qui s'y eſt paſſé iuſques au mois d'Octobre dernier, que noſtre partie s'eſt pourueu au Conſeil, où il a preſenté Requeſte pour obtenir la caſſation de l'Arreſt de la Cour des Aydes , donné contradictoirement en Avril mil ſix cens quarante-quatre ; ce qui eſt inoüy & vne forme du tout extraordinaire, puis que l'on n'y peut paruenir que par Requeſte Ciuile ou propoſition d'erreur, remonſtrant pour annuller cet Arreſt ſi iuridique , que par faueur ladite Cour des Aydes nous a fait gagner noſtre procez. Et en verité , MONSEIGNEVR , c'eſt en ce ſeul poinct que nous ſommes d'accord auec noſtre partie, & nous aduoüons ingenuëment qu'au temps où nous ſommes, c'eſt faire grace à des Officiers perſecutez côme nous ſommes, que de leur rendre Iuſtice. Et tout ce qu'à preſent, MONSEIGNEVR Nous craignons en noſtre cauſe, c'eſt la faueur : c'eſt pourquoy nous ſupplions tres-humblement voſtre Alteſſe Royale , de n'auoir aucun égard à la fortune , à la faueur & à la recommandation Non , MONSEIGNEVR , point d'adouciſſement , point de grace , point de faueur en cette Auguſte Compagnie où vous tenez la meilleure place , au contraire vne ſeuere Iuſtice, vn iugement rigoureux , vne punition exemplaire : & qu'il vous plaiſe , conformement au conſentement de Noſſeigneurs les Princes du Sang, nous conſeruer & maintenir en l'Arreſt , donné à noſtre profit par le Roy Henry le Grand , Pere de voſtre Alteſſe Royale , & celuy de la Cour des Aydes , que noſtre partie ſera debouté de ſa demande & condamné aux dépens.

SOVSMISSIONS
FAITES
AV ROY,
A S. GERMAIN
EN LAYE,

Par ledit Sieur FOVRNIER, Prefident en l'Eſlection, & premier Eſcheuin de la Ville de Paris, l'vn des Deputez d'icelle vers ſa Maieſté.

Le huictiéme iour de Ianuier 1649.

IRE,

Proſterné aux pieds de voſtre Majeſté, ie viens luy rendre compte de ce qui s'eſt paſſé depuis ſon depart en ſa bonne ville de Paris, que ie dois maintenant appeller affligée, mal-heureuſe & infortunée au dernier point. Auſſi-toſt que nous euſmes pris cette funeſte nouuelle, l'affliction & l'eſtonnement dont hous fufmes faifis, ne nous empefcherent pas d'employer tous nos foins pour maintenir en veneration l'authorité de voftre Majefté, & de donner tous les ordres neceffaires, pour faire en forte que le refpeét que nous luy deuons, ne receuft aucune atteinte. Noftre zele, SIRE, ne rencontra pas beaucoup de difficultez à combattre, & nous trouuafmes les efprits de nos Citoyens tellement difpofez à l'obeyffance que nous n'eufmes aucun fujet de douter de leur fidelité, les cris dont les Peuples rempliffoit l'air des vœux qu'il faifoit pour voftre Majefté, nous en donnoit d'affez fortes preuues, & ces acclamations de *viue le Roy* qui vous ont efté autrefois fi agreables, nous exprimoient affez clairemeñt les fentimens de fon déplaifir, & ceux de fon affeétion. C'eftoit la plus douce confolation dont ce Peuple affligé foulageoit fa douleur prefente, & les apprehenfions de l'aduenir : & l'on iugeoit à voir de quelle forte fon zele & fa voix pouffoient iuf-ques dans le Ciel les prieres qu'il faifoit pour voftre conferuation, qu'il croyoit que le falut de voftre Majefté eftoit celuy de tout le public, & le plus certain remede que Dieu puft apporter à fes infortunes. Voila, SIRE, dans quels fentimens d'affeétion & de refpeét eft voftre bonne ville de Paris, & ie m'affeure que voftre Majefté n'en doute point, apres les preuues, que nous ofons nous flatter de luy en auoir données en tant de rencontres, où nos bourfes ne vous ont pas efté moins ouuertes que nos cœurs, ayant volontairement fourny tant de millions depuis la guerre declarée contre l'ennemy de cet Eftat. Mais helas ! que dis-je, & pourquoy, m'efforçay-je inutilement de ramenteuoir à voftre Majefté nos feruices paffez, lors que noftre mal-heur en efface le fouuenir & le merite, & qu'vne indignation dont nous ne pouuons nous accufer, luy ferme les oreilles à nos iuftes plaintes ? Ha ! SIRE, puifque nous fommes tombez iufqu'à ce point de difgrace, permettez-moy de quitter les pieds de voftre Majefté pour me jetter à ceux de la Reyne, que nous ne reconnoiffons pas moins pour Mere de la France, que pour celle de voftre Majefté. Oüy, MADAME, nous pouuons vous appeller de ce nom, puifque vous auez donné à ce Royaume la facrée perfonne du Roy, & celle de Monfeigneur le Duc d'Anjou; qui par leur naiffance miraculeufe, nous marquent la proteétion Diuine, & les eftroites obligations que nous auons à voftre Majefté. Ainfi donc, MADAME, outre ces deux enfans qui vous font fi chers, vous en auez encore vn troi-

fiéme

fiéme ; que l'affection & la tendreffe des premiers ne vous doit pas faire abandonner. C'eft voftre peuple de Paris, dont l'amour & l'obeïffance a tant contribué à la grandeur des deux autres. Ha ! M A D A M E, que voftre Majefté defcende vn peu iufques à nous, pour confiderer l'eftat déplorable de no-ftre Ville; qui durant l'abfence de vos Majeftez, fe peut dire vn corps fans ame, fans mouuement & fans forme. Cette Ville, M A D A M E, qui a toufiours efté le rempart de la France contre les efforts des Eftrangers, deftituée qu'elle eft de fon Chef, a perdu fa vigueur & fa conduite, & reconnoift auec vn regret extréme, qu'il n'y a que Vienne & Madrid qui profitent de fon mal-heur, & que les feuls ennemis de l'Eftat, qui tirent aduantage de fes difgraces. Voudriez-vous, M A D A M E, apres que la France a gagné tant de Batailles fignalées fous les heureux aufpicès de voftre Regence, en per-dre le fruict en vn feul iour, tournant vos Armes Victorieufes contre vos propres Subjets ? Quels fuccez pouuez-vous efpe-rer de cette entreprife, que la perte de ceux qui vous font acquis & la ruyne de la plus puiffante Ville de voftre Empi-re, l'ouurage de tant de fiecles, la refidance des premiers Monarques du monde le fejour de vos delices, & le lieu fur lequel voftre pieté auoit attiré les benedictions du Ciel, & les profperitez de la terre; Hé quoy ! M A D A M E, fe-roit-il bien poffible qu'vne Reyne iffuë des Rois Catholi-ques, Femme & Mere d'vn Roy tres-Chreftien, & qui eft encores plus recommendable par fes propres vertus, que par l'éclat de toutes ces grandeurs, que l'on void fi fouuent s'ap-procher de l'Autel, auec des fentimens d'vne deuotion fi exemplaire, fe rende inexorable aux plaintes d'vn Peuple in-nocent qui s'humilie à fes pieds, & puiffe loger en fon cœur des mouuemens de colere & de vengeance ? Ha ! M A D A-M E, jettez vos regards pitoyables fur noftre mal-heureufe Ville, & faites vn peu reflection fur les miferes où voftre ri-gueur nous va plonger, & dont il ne fera pas facile apres de reftablir les ruïnes. Confiderez la Iuftice abandonnée, le Commerce interrompu, les familles ruïnées, les pauures fans fecours, les véfues & les orphelins fans appuy, les Eglifes fans culte, & toute la Ville fans reffource. Sera-t'il poffible, M A D A-M E, que voftre pieté vueille abandonner tant d'innocens de l'vn & de l'autre fexe, à l'auarice & à la brutalité du Soldat infolent: Tant de Conuents & de Monafteres, où voftre Maje-fté nous a fi fouuent donné des preuues de fa deuotion, à la

profanation des mains facrileges ; & tant d'Hofpitaux où elle a fait reluire fa charité, au defefpoir de la faim & la mifere. Non, MADAME, nous auons de plus faines penfées
de voftre clemence, & nous efperons que nos foufpirs & nos
larmes ne trouueront point en vous vn cœur inacceffible.
Nous vous en conjurons, MADAME, par tout ce qu'il
y a de plus faint dans le monde, par vos bontez mefmes,
par nos refpeᵉcts & nos fubmiffions, & par ce cher fils, dont
les douces inclinations n'attendent que les mouuemens de
voftre pitié pour le fuiure, & pour appaifer ceux de fon indignation. Ha! SIRE, apres des conjurations fi preffan-
tes, ie commettrois vn crime, fi j'auois recours à d'autres
perfuafions. Voftre Majefté me permettra donc (s'il luy
plaift) de finir icy mon difcours, auffi bien mes larmes &
mes fanglots entre-couppez m'empefchent d'en dire dauantage, & ne me laiffent la liberté de la parole, que pour luy
confirmer encores les proteftations d'vne fidelité inuiolable, &
l'affeurer au nom de fa bonne Ville de Paris, que fi voftre Majefté nous honnore de fon retour, fi ardemment fouhaité, de
luy donner de nouuelles preuues de nos affections, & luy faire connoiftre à l'auenir que nous ne ferons iamais autres que
les tres-humbles, tres-obeïffans, & tres-fideles fubjets & feruiteurs de voftre Majefté.

SEMONCE
FAITE
A MESSIEVRS
DE LA CHAMBRE
DES COMPTES,

Par ledit Sieur FOVRNIER *, premier Efcheuin ;
d'affifter en l'Eglife Noftre-Dame, à l'action
qui s'y rend à Dieu tous les ans, le premier
Vendredy apres Pafques pour la reduction des
Anglois.*

ESSIEVRS,

Le plus grand bon-heur qui puiffe arriuer à vne Ville qui
eft tombée entre les mains de fes ennemis, eft de s'en voir de-
liurée, & d'eftre reftablie en fa premiere liberté ; fi cette
liberté eft d'vn prix ineftimable, la fortie de la captiuité n'eft
pas de moindre valeur. Paris receut autrefois ces aduantages
infignes, lors que les Anglois apres vne iniufte poffeffion en
furent chaffez ; mais ce fut par le fecours du Ciel, pluftoft que

par les armes, qu'il fut deliuré des mains d'vn vſurpateur, &
remis en celles de ſon Prince legitime. Ces anciens ennemis
de la France ne cedoient lors ny en valeur ny en courage aux
François: Dieu qui a touſiours regardé la France d'vn œil fauorable, ſuſcita en ce temps mal-heureux vne Pucelle, dont
le bon-heur & la conduite ſurpaſſa celle des plus grands Capi-
taines, parce qu'elle eſtoit animée de la grace Celeſte: ſa preſence donnoit de la vigueur à ſon party, & faiſoit naiſtre la
foibleſſe au cœur de l'eſtranger ; & l'on peut dire auec verité,
que les exploicts de cette Heroine ſurprirent autant les François que les Anglois, les premiers ſe voyant ſi puiſſamment ſe-
courus, les autres au contraire voyant leur party ruyné par les
armes d'vne ſimple Bergere ; la Diuine bonté accorda cette
grace aux ardentes prieres du deuot peuple de cette Ville , par
vn miracle viſible ; & pour en conſeruer la memoire à perpe-
tuité, on en rend tous les ans à Dieu des actions de graces publiques. La Ville de Paris, MESSIEVRS, vous inuite
par ma bouche à honorer de voſtre preſence cette celebre
action. Voſtre illuſtre Compagnie a touſiours trauaillé au re-
ſtabliſſement de la grandeur de cette Couronne: Nos Rois ont
fait vne eſtime tres-particuliere de cette Cour, pour la fidelité
qu'elle a témoigné en toutes occaſions pour leur ſeruice , dans
la connoiſſance parfaite qu'ils ont eu que cette Chambre eſt
vn petit Ciel en terre, dans laquelle toutes les perſonnes qui
la compoſent n'ont qu'vn meſme cœur, pour ce qui concerne
le ſeruice du Monarque : Et pour ces raiſons la Ville a de couſ-
tume en tel iour de vous prier, MESSIEVRS, d'aſſiſter
à cette action de graces, dont le ſouuenir eſt tres - cher à tous
les peuples. Nous attendons cette faueur de voſtre zele ordinaire pour la grandeur de cet Empire , afin que comme les
prieres & les vœux qui furent exaucez d'enhaut, obtinrent ce
bon-heur & ces aduantages ; qu'auſſi les meſmes vœux & les
meſmes prieres en faſſent les remerciemens à la Diuine bonté,
qui les a ſi liberalement accordez.

IARANGVE

HARANGVE
FAITE
AV ROY,
A S. GERMAIN
EN LAYE,

Par les Officiers de l'Eslection de Paris ,
ledit Sieur FOVRNIER leur President
portant la parole , pour remercier sa
Maiesté de la Paix accordée à ses
Subiets.

Le seiziéme Avirl 1649.

IRE,

    Il est certain que les bien-faits ont cela de propre de rendre
ceux qui les ont receus plus hardis à s'en procurer de nou-
ueaux , & qu'vne premiere faueur est d'ordinaire la semence
d'vne seconde : appuyez sur cette maxime indubitable , &
dans la connoissance que nous auons , que le restablissement

D

dé la liberté publique, opprimée par la licence de la guerre,
eſt vn bien tres-aduantageux que nous tenons à preſent de la
bonté de voſtre Majeſté, ſecondée des charitables ſentimens
de la Reyne Regente voſtre Mere, qui a touſiours eu d'extre-
mes tendreſſes en faueur de tous vos Subjets: Et pour éuiter
le blâme que nous euſſions pû encourir de paſſer pour mé-
connoiſſans, nous auons eſtimé, SIRE, que nous eſtions
obligez, ainſi que tous les Corps des Officiers & Cómunautez
de voſtre bonne Ville de Paris, deuenir nous proſterner aux
pieds de voſtre Majeſté, pour luy temoigner auec toutes les
ſouſmiſſions poſſibles, là part que nous prenons à cette felicité publique, dont la continuation nous eſt aſſeurée; puiſque
voſtre Majeſté fait profeſſion inuiolable de garder ſa parolle
Royale, non ſeulement à ſes Subjets, mais auſſi à ſes ennemis,
ayant touſiours deuant ſes yeux les illuſtres exemples du Grand
Henry ſon Ayeul, & du feu Roy ſon Pere de tres-heureuſe
memoire : dont nous ſouhaittons à voſtre Majeſté durant le
cours de ſon Regne, la Valeur & la Clemence de l'vn, la Pieté & la Iuſtice de l'autre : Ce qui a rendu apres la mort de ces
grands Princes leur memoire ſi chere & ſi glorieuſe, c'eſt que
tout leur ſoin durant leurs Empires, a touſiours eſté le ſoulagement de leurs Subjets & particulierement de ceux qui
eſtoient contribuables aux Tailles & Subſiſtances ; Et nous
croyons que ſous l'aueu de ſes Illuſtres Exemples de ces grands
Roys, vos predeceſſeurs, Voſtre Majeſté n'aura pas deſagrea-
ble que nous luy demandions tres-humblement, en faueur
de ces pauures affligez, pour qui perſonne ne parle, l'accom-
pliſſement de la promeſſe que vous auez faite ; qu'apres que les
gens de guerre ſe ſeroient retirez, voſtre Majeſté accorderoit
quelque ſoulagement à ſes Subjets contribuables de l'Eſlection
de Paris, qui ont eſté dépoüillez de tous leurs biens, & reduits à la derniere ſouffrance, depuis le ſixiéme Ianuier dernier iuſques à preſent ; que cette Eſlection a eſté le Theatre
funeſte, où tous les gens de guerre ont auec impunité exer-
cé leur rage & leur cruauté ; & que voſtre Majeſté nous per-
mette de luy dire, que c'eſt vn Treſor ineſtimable, que la décharge des ſubſides que les Roys accordent à leurs Peuples, &
que tous les bons Princes ont mieux aymé voir les richeſſes
épanduës parmy leurs Subjets, que de les tenir ſerrées dans
leur Epargne : A ce propos eſt digne de remarque, ce qui ſe
trouue dans Euſebe de l'Empereur Conſtance, pere du
grand Conſtantin, auquel Diocletian reprochant vn iour ſa

grande pauureté, fit enfuitte deuant fes Ambaffadeurs remplir fes coffres de l'or & de l'argent que luy apporterent volontairement tous fes Subjets à l'enuie l'vn de l'autre ; & que
la bien-veillance qu'il auoit acquife de fes Peuples prouenoit
de ce qu'il ne les auoit point furchargez d'Impofts. Trouuez
bon, SIRE, qu'en prefence de la Reyne Regente voftre
Mere, nous rapportions à voftre Majefté vne exemple notable & digne de memoire d'Alfonce Roy d'Arragon, l'vn de
fes ayeuls, qui eft en verité, MADAME, digne de l'attention de voftre Majefté ; pour vous remettre deuant les yeux
que de compatir aux miferables, & de foulager les affligez,
c'eft vn bien hereditaire de voftre Augufte & Royale Maifon :
Nous apprenons que ce Roy allant vn iour par la Campagne
rencontra vn pauure Villageois, lequel pour auoir inconfi-
derement chargé vne befte de fomme, qui luy feruoit à gagner
fa vie, fut caufe qu'elle fuccomba fous la pefanteur du faix,
en vain il imploroit le fecours des Courtifans qui eftoient té-
moins de fa difgrace ; Toute la Nobleffe qui accompagnoit le
Roy, le regardoit auec vn œil de mépris & fans compaffion ;
tout le refte de la Cour, n'euft pas plus de tendreffe pour luy ;
enfin le Roy venant à paffer voulut fçauoir le fujet des plaintes de cét infortuné, & en eftant informé fa Majefté defcen-
dit de cheual, & d'vne main fecourable releua fa fortune &
fes efperances abbatuës : L'action de ce bon Roy fut publiée
par tout fon Royaume, chacun admiroit ce témoignage de fa
bonté & de fa charité, il acquit par ce moyen tant de reputation, qu'il fuft le maiftre de tous les cœurs & des biens de fes
Sujets, n'eftant pas befoin, SIRE, de beaucoup de chofes à vn Roy, pour attirer à foy les affections d'vn Peuple.
Nous fçauons bien, SIRE, qu'eftant nés vos Sujets, & fous-
mis à voftre Empire, nos cœurs vous font acquis, & que nous
ne conferuons nos vies & nos biens, que pour le feruice de
voftre Majefté, & fi nous auons pris la liberté de vous repre-
fenter les miferes des contribuables de cette Eflection, c'eft
que nous fçauons de bonne part que la refolution de voftre
Majefté eft de contribuer au pluftoft à leur foulagement, en
leur accordant vne notable décharge. La fonction de nos
Charges eft, SIRE, de faire le regalement vos gratifica-
tions fuiuant la connoiffance que nous auons de la pauureté &
de la mifere de ceux à qui vous les accordez, nous y agirons
en cette occafion, ainfi qu'en toutes autres auec candeur &
fincerité ; nous leur ferons connoiftre par les décharges & le

foulagement qu'ils en receuront, combien ils font redeuables à la bonté de voftre Majefté, qui dans la neceffité de fes
affaires fe porte fi franchement à la diminution de toutes
les leuées des Aydes & Tailles. Par ce moyen, S I R E,
nous les maintiendrons dans l'efprit d'obeïffance qu'ils doiuent à voftre Majefté, nous les exciterons à ne s'en départir
iamais, ainfi qu'ils y font obligez, & les Officiers de cette
Compagnie ne manqueront iamais de perfeuerer dans l'a-
mour, le feruice & le refpect qu'ils doiuent à voftre Majefté,
auec cet aueu folemnel qu'ils luy font, de demeurer toûjours inuiolablement & fans aucune referue, les tres-humbles,
tres-obeyffans & tres-fideles Sujets & feruiteurs de voftre
Majefté, les Officiers de l'Ellection de Paris.

REMERCIMENT

REMERCIMENT
FAIT
A MESSIEVRS
DE LA VILLE,

Par ledit Sieur FOVRNIER, Prefident en l'Eflection, fortant de
l'Efcheuinage.

Le feiziéme Aoust 1649.

ESSIEVRS,

Toutes les chofes d'icy bas ont leur commencement, leur
progrez, leur fin ; & le remerciment doit fucceder à la priere:
c'eft ce qui m'oblige, MESSIEVRS, de vous rendre à
prefent mes tres-humbles actions de graces, en reconnoiffance des faueurs que i'ay receu de cette illuftre Compagnie, de
ma promotion à l'Efcheuinage de la premiere Ville du monde, qui m'eft en verité vn honneur d'autant plus confidera-
ble, que ie reconnois ingenuëment ne l'auoir pas merité, &
qu'à ma confufion y eftant paruenu, ie m'en fois fi mal acqui-
té ; & permettez-moy, MESSIEVRS, auec le refpect
que ie vous dois, que i'accufe les bontez que vous auez pro-

E

diguées en mon endroit, pour n'auoir pas secondé aux sentimens fauorables que vous auiez eu pour moy, & que dans la
suite du temps i'aye agy auec si peu de succez. Ie sçay , MES-
SIEVRS, que vous m'auiez creu tel que ie deuois estre , &
non pas tel que i'ay esté ; Si toutesfois, MESSIEVRS,
il vous plaist de receuoir mes excuses , ie peux vous asseurer que tous mes deffauts ne sont prouenus que d'inca-
pacité , de peu d'intelligence & de la mauuaise rencontre du temps auquel ie suis entré en charge. Pour vous dire
la verité, MESSIEVRS, ie suis bien d'accord que mes
deffenses ne sont pas valables , ayant eu de bons exemples à
suiure , aux personnes de Messieurs Gaigny & de la Haye, qui
comblez d'honneur , sortoient de l'employ auquel i'entrois
pour à leur imitation dignement remplir la Charge ; que le
Chef de la Ville estoit vne personne de merite, d'integrité &
de prud'hommie, tres-intelligent & bien versé dans la connoissance des affaires d'Estat, de Iudicature & de Finance. Ie
ne vous dis pas son nom, MESSIEVRS, vous sçauez
bien que ce ne peut estre que Monsieur le President le Ferron,
tres-digne Preuost des Marchands , qui possede toutes ces
bonnes qualitez; ie trouuay dans la Charge pour Collegues
Messieurs de Bourges & Yon , si recommandables par leurs
propres merites , qu'ils sont au delà de ce que i'en pourrois
dire : ie ne dois pas obmettre Messieurs les Procureurs du
Roy, Greffier & Receueur de la Ville , qui estans tousiours
en charge en l'Hostel de cette ville , sont chacun an reconnus
par ceux qui en sortent, pour auoir durant leur Magistrature
éprouué l'intelligence , la candeur & la fidelité auec lesquelles
ils agissent en la fonction de leurs Charges ; & que ce seroit
faire violence à leurs modesties de vous dire combien ils sont
necessaires à la Ville , soit pour les juridiques conclusions de
l'vn , la parfaite intelligence de l'autre à garder le secret &
bien rediger par écrit les aduis , les opinions & les delibera-
tions de la Ville , aux assemblées qui s'y font pour le seruice
du Roy & le bien du public : Que le Receueur se peut dire le
Comptable sans reproche , pour auoir autant de disposition
de payer promptement les deniers de sa Recepte pour se libe-
rer, que les autres ont d'auidité de les retenir pour en profi-
ter. Permettez moy , MESSIEVRS, que ie vous declare
la satisfaction que i'ay receuë d'auoir eu pour Collegue Monsieur Helliot, l'vn des plus hommes de bien, & le moins in-
terresté de ce temps : c'est tout dire , & ie l'asseure, pour en

auoir fort bonne connoiſſance ; ainſi que de l'intelligence des
bons ſentimens & des genereuſes entrepriſes qu'ont eü en toutes les affaires publiques durant ces derniers mouuemens ,
Meſſieurs Hachette & Leſcot, auec leſquels i'ay eſté en Eſ-
cheuinage pendant vn an de ces temps faſcheux & difficiles :
Ie fus pour la preſtation de ſerment preſenté à ſa Maieſté
par Monſieur de la Moignon, Conſeiller du Roy en tous ſes
Conſeils, & Me des Requeſtes ordinaire de ſon Hoſtel, dont
la prud'hommie, l'integrité & la vertu ſont aſſez connuës &
conſiderables, pour tenir vn iour les plus eminens emplois de
ce Royaume : Entré en charge, ie trouuay Meſſieurs du Bu-
reau, aſſiſtez du Conſeil de la Ville, en bonne reſolution de trauailler vigoureuſement, pour bien faire payer les Rentes de
diuerſes natures, aſſignées ſur l'Hoſtel de cette Ville, & ne
fût rien épargné pour paruenir à l'execution d'vn ſi loüia-
ble deſſein : les Payeurs contreuenans furent arreſtez priſon-
niers pour leur faire leurs procez, comme à des retentionnai-
res des deniers publics ; & à cet ordre que nous apportâmes
pour le payement des Rentes , ſucceda ce Reglement in-
comparable de la Cour de Parlement, de l'obſeruation duquel dépend toute la fortune des Rentiers, à toutes les nou-
ueautez qui ſe propoſerent vers la fin de l'année 1647. à la charge du peuple : Nous apportaſmes par nos ſolicitations toutes les precautions neceſſaires pour en deſtourner l'execution
qui ne fut pas vn petit aduantage pour toute la Ville , auec le
ſoin que nous priſmes dans la diſette de cette année, de procurer l'abondance du bled, dont on empeſcha les tranſports,
auec vn ſoin incroyable d'en faire venir de toutes parts, afin
que le public en fuſt ſecouru & aſſiſté : Nous ménageaſmes
des deniers du Domaine de la Ville ſeize cent paires d'habits
& autant de ſouliers, pour la ſubſiſtance d'vne partie des
Troupes du Roy, ce fut lors que le prouerbe ſe trouua faux,
qui dit, que quand la Ville donne, elle reçoit : N'ayans tiré
aucun profit de cette gratitude, que l'honneur d'auoir ſecouru à propos des Soldats dépoüillez, & qui en auoient grand
beſoin. A noſtre tres-humble priere, pour la premiere fois ſa
Maieſté honora de ſa preſence l'Hoſtel de cette Ville, à la
ſolemnité du Feu qu'on y fait à la Feſte de ſainct Iean : Cette
grace ſi conſiderable nous faiſoit eſperer que toutes les tempe-
ſtes dont nous eſtions menacez, ſe conuertiroient en vn calme
tres-neceſſairere, qui changea toutesfois à noſtre grand regret,
au vingt-ſixiéme iour d'Aouſt mil ſix cens quarante-huict,

auquel temps nous agiſmes auec tant de zele & de bon‑heur,
durant cette horrible confuſion, que l'obeïſſance qui eſt deuë
au Roy ne receut aucune atteinte : ſon retour ſi ardemment
ſouhaitté de la Ville nous fut à la fin d'Octobre accordé par ſa
Majeſté; ce bon‑heur ne fut pas de longue durée, puis qu'au
ſixiéme Ianuier dernier leurs Majeſtez ſortirent de cette Ville
à noſtre inſceu, pour ſe retirer à ſaint Germain en Laye : l'eus
l'honneur au huictiéme du meſme mois, accompagné de
grand nombre de Meſſieurs de la Ville, de m'y tranſporter,
comme député, pour porter la parole au Roy de nos reſpects
en ſon endroit, & l'aſſeurer de l'obeïſſance & de la fidelité
en laquelle cette Ville eſtoit depuis ſon depart, ne reſpirant
autre choſe que l'honneur de ſes Commandemens, auec vne
proteſtation ſolemnelle qu'elle faiſoit par ma bouche, de ne s'en
départir iamais. En ce rencontre leurs Majeſtez furent excitez
par les ſentimens de tendreſſe, d'humanité & de Religion,
de vouloir honorer la Capitale de ce Royaume de leurs preſen‑
ces, ſi cheries & ſi agreables à tous nos Concitoyens; nos prie‑
res, à noſtre grand regret, ne furent point exaucées; & le len‑
demain en la notable aſſemblée qui ſe fit en l'Hoſtel de cette
Ville, ie fis le rapport de tout ce qui s'eſtoit paſſé ſur le faict
de ma deputation; en ſuitte de laquelle fut reſolu de perſeue‑
rer touſiours de noſtre part en l'obeïſſance qui eſtoit deuë à ſa
Majeſté, & de cette promeſſe ſi ſolemnelle, nous fuſmes à l'in‑
ſtant en donner les aſſeurances à cet Auguſte Parlement, qui
approuua noſtre deſſein, qui le trouua conforme au ſien; ce
qui fut auſſi témoigné au Herault qui vint en Fevrier aux ad‑
uenuës de la Porte ſainct Honoré, où ie luy dis que la Ville
ſupportoit auec patience toutes ces diſgraces; que rien ne
nous eſtoit ſi ſenſible & ſi faſcheux que l'abſence de ſa Maje‑
ſté, dont nous ſouhaittions le retour auec impatience; que nous
ne le pouuions receuoir en qualité d'Herault; puiſque des
perſonnes de ſa Profeſſion n'eſtoient enuoyez qu'à des Sou‑
uerains ou à des ennemis, & que nous proteſtions en ſa pre‑
ſence que nous eſtions tres‑fidelles Subjets du Roy noſtre Sou‑
uerain Seigneur & Maiſtre, & les veritables ennemis de ſes
ennemis. Cette ſincere ſubmiſſion rapportée à leurs Majeſtez,
ſeruit beaucoup à l'acheminement de la Conference de Ruël,
où j'eus l'honneur d'eſtre deputé pour y preſider la Ville, ac‑
compagné de Meſſieurs Helliot Eſcheuin, & Barthelemy
Conſeiller de Ville, où tout ſe paſſa ſi heureuſement, que le
premier Avril enſuiuant Dieu nous donna la Paix, que nous
luy

luy auions touſiours demandé auec tant d'inſtances & de Prieres. Nous donnaſmes en ſuite tous les ordres neceſſaires pour
faire ceſſer toutes les caballes que les eſprits factieux vouloient
faire ſubſiſter depuis la Paix, & trouuant tous les eſprits cal-
mes & raſſeurez de la crainte des maux dont on les menaçoit,
ayant eſté à la fin de Iuillet trouuer le Roy à Compiegne, il
nous accorda ſon retour en cette Ville, où il fut receu auec
tous les reſpects que des Subjets doiuent à leur Roy. I'ay
creu, MESSIEVRS, eſtre obligé de vous faire le recit
d'vne partie de ce que j'ay fait durant les deux années de la
Magiſtrature où j'ay eſté employé, dont j'eſtime vous eſtre
comptable & au public. Ie finis, MESSIEVRS, de peur
de vous eſtre importun, vous aſſeurant qu'il me reſte vn regret tres-ſenſible, de n'auoir pas eſté durant le temps de mon
Miniſtere aſſez vtil & neceſſaire au bien public & au ſeruice de
la Ville, proteſtant que ie n'oubliray iamais les faueurs & les
graces que j'en ay receu, auec les tres-humbles prieres que ie
vous faits, MESSIEVRS, de me pardonner tous mes
deffauts, & de ne vous en vouloir pas reſſouuenir, en quelque façon que ce ſoit.

F

HARANGVE
DES OFFICIERS
DE L'ESLECTION
DE PARIS,
FAITE
AVROY
SVR SA MAIORITE',

Par la bouche dudit Sieur FOVRNIER leur President.

Le Samedy seiziesme Septembre 1681.

IRE,

    Les Officiers de voftre Eflection de Paris viennent des derniers fe profterner aux pieds de voftre Majefté , & luy rendre leurs tres-humbles fubmiffions; mais fi le rang leur auoit efté donné, fuiuant le zele & l'affection qu'ils ont pour voftre fer-

nice, ils auroient esté des premiers à s'acquiter de leur deuoir.

Ils sont icy pour témoigner à vostre Majesté, la part qu'ils
prennent à la réjoüissance publique, & luy faire entendre les
esperances qu'ils ont conceües du succez fauorable de vostre
Regne. Vostre Estat durant vostre minorité, ayant esté tres-
dignement conduit par les soins & prudens conseils de la Reyne : Nous voyons à present auec joye vostre Majesté, dés le
premier moment de sa Majorité, nous asseurer de sa propre
bouche qu'Elle va prendre les resnes de son Empire & le con-
duire auec pieté & justice. Cette resolution, SIRE, est digne
d'vn Roy tres-Chrestien, d'vn descendant de S. Louys, d'vn
petit fils d'Henry le Grand, & d'vn legitime heritier de Louys
le Iuste. Ces deux vertus si necessaires à vn grand Prince, se-
ront l'appuy & l'affermissement de vostre Couronne : la pieté vous doit rendre agreable à Dieu, le Protecteur des Roys,
dont l'assistance ne vous manquera iamais ; & par ce moyen
vous attirerez sur vostre Royaume la benediction du Ciel, &
l'abondance de la Terre. La Iustice vous fera regner dans le
cœur de vos Subjets, la faisant garder, vous releuerez l'es-
poir abbatu de tous les Ordres de vostre Estat, & particulierement de ceux qui sont Contribuables aux Tailles & Susistan-
ces. Permettez-nous, SIRE, de faire voir à vostre Majesté l'estat mal-heureux de ces pauures miserables, & comme la
pauureté, la misere & la faim les ont reduits aux dernieres ex-
tremitez. Ces mal-heureux, dont l'industrie & le trauail apporte les richesses & l'abondance par tout ; qui sans qu'il soit
besoin d'aller courir aux Indes, font sortir de la terre des tresors qui remplissent vos coffres, se trouuent à present en telle
necessité, qu'ils sont contraints de broûter l'herbe comme des
animaux. Cependant, SIRE, ce sont vos Subjets, & vostre Majesté est obligée, tant par sa Pieté, que par sa Iustice, de
les proteger, & de ne permettre pas qu'ils soient entierement
ruinez. L'exemple du meilleur de nos Roys, qui regnoit il y
a cent cinquante ans, & dont vostre Majesté porte le nom,
doit estre icy representé deuant vos yeux pour l'imiter. Ce
grand Prince ayant en peu de temps reconquis le Royaume de
Naples, subjugué l'Italie & triomphé dans Rome, refusa les
noms de Conquerant, de Victorieux & d'Auguste, que ses
belles actions meritoient, pour prendre celuy de Pere du peuple, qu'il estimoit beaucoup plus, preferant l'amour de ses
Subjets à tous ces auantages. Et sa Couche n'ayant esté fecon-

de durant fa vie, s'eftant à fon deceds trouué fans enfans, l'affection reciproque de fon peuple, luy en fit naiftre vn nombre
prefque infiny d'autres, qui luy conferuent iufques à prefent
le nom de Pere. Henry le Grand, ayeul de voftre Majefté,
qui fut la terreur de fes ennemis & l'Arbitre de la Chreftienté,
auoit de pareilles tendreffes pour fes Subjets : Apres que ce
Roy victorieux eut reconquis fon Royaume à la pointe de l'é-
pée, abbatu l'orgueil des Efpagnols, & contraint leur Roy de
luy demander la paix, lors qu'il eftoit queftion pour la neceffité publique de faire quelque leuée dans fes Eftats, il s'infor-
moit fi en ce faifant fon peuple l'aymeroit toufiours. Nous
n'aurions pas entrepris, S I R E, de vous parler du pitoya-
ble eftat de vos Subjets; n'eftoit que voftre Majefté nous a
conftituez en Charge, pour eftre les Arbitres de leurs fortunes : Nous impofons tous les ans ce qu'il vous plaift de leuer
fur eux, nous fommes obligez de vous en rendre compte,
eftant neceffaire que voftre Majefté le fçache pour l'acquit de
fa confcience ; puifque les R oys, quelques grands qu'ils foient,
feront vn iour comptables au Ciel de ce que leurs Officiers
font en terre. C'eftoit la croyance d'vn Roy qui eftoit felon
le cœur de Dieu, qui luy demandoit pardon de fes pechez cachez. Ce font, S I R E, les fautes que font les Officiers,
quand ils n'informent pas le Prince des neceffitez & des miferes de fon peuple. Nous connoiffons, S I R E, les caufes
des maux qui le reduifent au defefpoir, s'il ne plaift à voftre
Majefté d'y apporter les remedes, luy accordant vn peu de
repos & de foulagement: C'eft dequoy nous la fupplions tres-
humblement, & de commencer par là les actes de Pieté &
de iuftice, que vous auez promis folemnellement de prati-
quer durant voftre Regne. Pour nous, S I R E, nous prote-
ftons à voftre Majfté, que nous la feruirons de tout noftre
pouuoir, auec zele, fidelité & refpect, comme nous y fommes obligez, tant par noftre naiffance, que par le deuoir de
nos Charges : Et vous permettrez de nous dire, fans aucune
referue, les tres-humbles, tres-obeyffans & tres-fidelles feruiteurs & Subjets de voftre Majefté, les Officiers de l'Eflection
de Paris.

HARANGVE

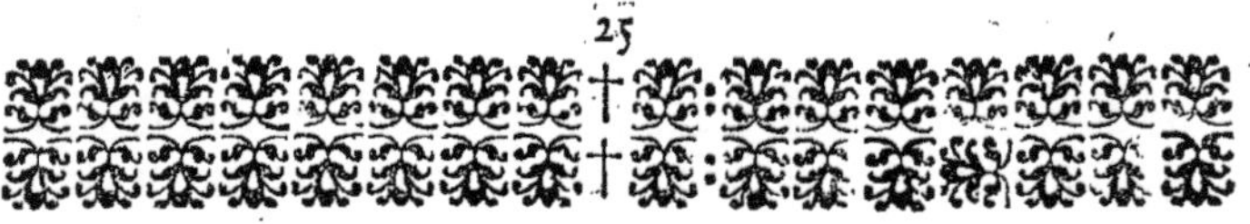

HARANGVE
FAITE AV ROY
SVR SON SACRE,

Par les Officiers de l'Eflection de Paris,
par la bouche dudit Sieur FOVRNIER,
leur Prefident.

Le douziéme Septembre 1654.

IRE,

Outre tant de belles & grandes qualitez d'efprit & de corps
que poffede puiffamment voftre Majefté, nous la confiderons
auec amour & refpeft, par fa naiffance miraculeufe, comme
le donné de Dieu, à ce Royaume, & par la facrée Onftion qu'au
iour de fon Sacre, elle a receu en fa ville de Rheims, comme
l'Oing du Seigneur. Ces aduantages fi confiderables, feront,
SIRE, le commencement de nos efperances & de nos biens,
la fin de nos craintes & de nos maux. Ce grand Poëte Grec
reprefentoit Achilles tenant vn bouclier en main, fur lequel
eftoit graué deux chofes bien differentes, les biens qu'apporte la Paix, les maux que caufe la Guerre. Voftre Majefté,
incomparablement plus qu'Achilles, tient vn bouclier, à l'a-
bry duquel nous refpirons tous, auec vne efperance certaine
que nous auons, que par la bonté de voftre Majefté, nous
n'y verrons plus que les beautez de la Paix, les laideurs de la
Guerre demeureront effacées par la prife de Stenay, & la dé-
liurance miraculeufe d'Arras ; veritable moyen pour paruenir à la Paix Generale, fi les ennemis y ont autant de difpofi-

G

tion que voſtre Majeſté, qui l'a touſiours ardemment ſouhaité pour le ſoulagement de ſes Subjets, & pour le bien de toute la Chreſtienté : Elle ſe retireta doncqucs, SIRE, cette
mal-heureuſe Guerre auec ſon funeſte équipage, nous n'en-
tendrons plus parler d'Eſtapes, de Contributions, de Subſiſtances, de Subuentions, d'Vſtanciles, de Quartier d'Hyuer, de Campagnes, de Campement & de Sieges de Villes :
Voſtre Majeſté ne ſera plus neceſſitée d'expoſer ſa ſacrée perſonne à tant de penibles voyages, durant les plus faſcheuſes
ſaiſons de l'année, ſoit des chaleurs exceſſiues de l'Eſté, ſoit
des froidures extrémes de l'Hyuer : Voſtre Majeſté ne ſera
plus ſollicitée par tant de Remonſtrances qui luy ont eſté faites
de viue voix, & par écrit de l'eſtat mal-heureux de voſtre
Royaume : Que vos Prouinces ſont deſolées, vos Villes ruïnées, le Plat-pays abandonné ; Que le Laboureur quitte la
Charuë, le Mannouurier l'Attellier, l'Artiſan la Boutique, le
Marchand le Commerce, le Financier le Recouurement, le
Magiſtrat le Tribunal de Iuſtice ; Que tant de bonnes ames de
l'vn & de l'autre ſexe, qui auoient quité le monde pour va-
quer à la ſainte Meditation abandonnent leurs Conuents :
Que les lieux ſaints & ſacrez ſont profanez ; & que ce que les
Anges adorent au Ciel auec reſpect, eſt en terre foullé aux
pieds par les Athées & les gens de guerre. Nous ſçauons bien
que voſtre Majeſté, par le zele indicible qu'elle a à la grandeur du Nom de Dieu, & qui ne peut ſouffrir qu'en ce Royaume & pays de ſon obeyſſance y ſoit donné aucune atteinte, a
fait faire des prieres ſolemnelles, pour l'expiation de tant de
crimes & ſacrileges, commis contre l'Auguſte Sacrement,
dont tous les gens de bien ſont fort ſatisfaits & contens. Voila
donc, SIRE, tout ce que nous craignons qui diſparoiſt à
preſent, nous ne verrons plus à l'aduenir que cette aymable
Paix, qui porte auec ſoy l'abondance de tous biens, la Iuſtice
& l'authorité des Loix ſera reſtablie, qui rendant à chacun le
ſien nous en fera jouïr paiſiblement : On entendra par tout
publier, auec des cris d'allegreſſe, les loüanges de voſtre
Majeſté, vos Prouinces commenceront à reſpirer, les Villes ſe
reſtabliront, le plat-pays ſe remettra en valleur, le Laboureur cultiuera la terre, le Mannouurier reprendra ſon trauail,
l'Artiſan rentrera dans ſa boutique, le Marchand continuëra
ſon negoce, le Financier fera ſa charge, le Magiſtrat rendra la
Iuſtice à vos Peuples ; nous verrons quantité de vos Subjets
réfugiez aux pays Eſtrangers, crainte des exceſſiues Tailles &

cohtraintes folidaires, qui retourneront labourer nos Terres, qu'ils auoient laiffées incultes; nous verrons l'oliüier fructu-fiant s'entrelaffer auec les palmes & les lauriers, dont voftre facré Chef eft couronné. Enfin, S I R E, nous verrons l'abon-dance de la Paix, au lieu des difettes de la Guerre : Tout ce bon-heur, S I R E, nous arriuera fous les heureux aufpices du Regne de voftre Maiefté : En faut-il douter, affiftée qu'elle eft des fages & prudens Confeils de la Reyne, à qui nous fommes tous infiniment redeuables, de nous auoir donné la facrée perfonne de voftre Maiefté, pris tant de peine à fon Educa-tion dés fes plus tendres années, & s'eftre portée fi fagement, & fi prudemment pour le fouftien, grandeur & dignité de cette Couronne; Cette grande deuote & pieufe Princeffe y a heureufement reüffi, choififfant vn Confeil defintereffé, & conferuant celuy que le feu Roy, d'heureufe memoire, nous auoit donné en mourant ? L'entends ce premier Miniftre in-comparable qui a toutes les qualitez dignes du Miniftere, & qui le poffede en vn degré auffi éminent comme il eft Eminentiffime : Nous fommes obligez, S I R E, de recon-noiftre que les bien-faits demandent les grandes reconnoif-fances; & comme il n'y en a point à l'égard du reftabliffe-ment de la liberté & de la feureté publique, c'eft à prefent que nous fommes obligez de vous en rendre tres-humbles remercimens & actions de graces. Nous fçauons, S I R E, que Voftre Maiefté au iour de fon Sacre ; veritable iour des Roys, iour auquel voftre Maiefté en diuerfes parties de fon corps a efté facrée de l'Onction Celefte emanée du Ciel en terre, portée par vn Ange pour le Sacre de nos Roys Tres-Chreftiens; Qu'en ce iour la liqueur precieufe de la fainte Ampoulle s'eft conuertie en vn baume falutaire pour confoli-der toutes les playes de vos Subiets ; Qu'en ce iour fi confide-rable voftre Maiefté a promis folemnellement de nous con-feruer tous dans nos biens & dans nos fortunes, mainte-nir le foible contre le puiffant, le pauure contre le riche ? Ha ! S I R E, que nous puiffions fentir bien-toft les effets fa-lutaires de cette Royale parole ; particulierement vos pauures Subiets contribuables aux Tailles & Subfiftances : Ce font ces mal-heureux qui ont porté la plus grande partie du pefant far-deau, impofé & leué durant ces derniers mouuemens. Ce font eux, S I R E, que voftre Maiefté doit maintenir & con-feruer pour eftre le fouftien & la richeffe de voftre Eftat. Cet-te opinion, S I R E, n'eft point de moy, c'eft celle du grand

Roy faint Louys, dont vous defcendez, qui laiffa par vn article de fon Teftament, cette belle inftruction au Roy fon fucceffeur, en ces termes : *Mon fils laiffe ton Peuple riche, c'eft le moyen de n'eftre iamais pauure;* Quelle leçon? quel Roy? qu'il auoit fans doute eftudié cette doctrine en l'école du S. Eprit; qu'il laiffoit par ce moyen au Roy fon fils vn fonds & vne efpargne qui ne s'épuife iamais. C'eft vn poinct decidé que le fang n'eft iamais fi bien que dans les veines, il fe corrompt par tout ailleurs Si peu de biens, SIRE, qui reftent à voftre Peuple, c'eft fon fang, s'il coule toufiours fans eftre eftanché, le fuccez ne peut eftre que funefte & miferable; ou pour mieux dire, qu'il eft femblable à cette plante, appellée Bafilique, dont la feüille maniée doucement, rend vne odeur tres-fuaue; trop rudement touchée, il n'en fort que des Scorpions. Ha! SIRE, i'ay crainte de ne pas parler le langage du temps, & de dire quelque chofe à voftre Majefté qui ne luy foit pas agreable; ce n'eft pas mon deffein ny mon intention, & ne l'aurois iamais entrepris, n'eftoit que voftre Majefté a eu la bonté de m'entendre auec grande attention fur ce fujet, lors qu'à fa Majorité nous luy rendîmes nos tres-humbles deuoirs. Et en verité, SIRE, qui vous peut mieux parler des miferes & des neceffitez de vos fubjets que nous, qui tous les iours en entendons les plaintes, qui fommes occupez continuellement à les confoler, adouciffant leurs maux prefens, par les efperances d'vn meilleur fuccez à l'aduenir, leur rendant en voftre nom la Iuftice, & leur donnant affeurance que V. M. compatiffant à leurs afflictions, les foulagera en leurs miferes. C'eft dequoy nous la fupplions tres-humblement, & pour finir, SIRE, nous ne vous parlerons point des interefts de cette Compagnie, trente années de taxes payées auec de grandes finances, des quartiers de gages & de droicts retranchez foufferts, n'ont iamais efté le fujet de nos plaintes. Nous auons creu, SIRE, que c'eftoit pour le bien de ce Royaume, c'eft ce qui nous a donné l'efprit de patience, de moderation & de retenuë: noftre confufion, SIRE, c'eft qu'à prefent profternez aux pieds de V. M. nous paroiffons dans vne grande indigence : fi peu de biens neantmoins qui nous reftent, nous l'offrons à V. M. comme à noftre Souuerain Seigneur & Maiftre: acceptés, SIRE, nos offres, elles font veritables, en ce rencontre la langue eft de concert auec le cœur; ainfi que la proteftation inuiolable que nous luy faifons de n'eftre iamais autres, que les tres-humbles, tres-obeyffans & tres-fidelles fubjets & feruiteurs de V. M. les Officiers de l'Election de Paris.　　　　　HARANGVE

HARANGVE
DES OFFICIERS
DE L'ESLECTION
DE PARIS,
FAITE A LA
REYNE DE SVEDE.

Par ledit Sieur FOVRNIER leur
Preſident.

Le Dimanche 10. *Septembre* 1656.

ADAME,

Les Eſleus de la Capitale du Royaume ſe viennent proſterner deuant voſtre Majeſté, & luy rendre les tres-humbles ſoûmiſſions qu'ils doiuent à ſon Illuſtre vertu, & à ſon Auguſte
Naiſſance; Ils conſiderent auec reſpect la fille du grand Gu-
ſtave, la terreur de ſes Ennemis, le ſupport de ſes Alliez, &
l'amour de ſes Subjets : Ils admirent vne Reyne du Nort, qui
efface la gloire de cette Reyne du Midy, ſi celebre dans l'Eſ-
criture, qui vient voir noſtre incomparable Salomon, qu'elle
trouuera dans les ſoins de la Guerre, & que nous eſperons
qu'elle laiſſera dans l'eſprit de la Paix : Ils regardent vne Ama-
zone, qui a ſi heureuſement acheué les conqueſtes de ſon glo-

H

rieux Pere dans l'Allemagne , & fait sentir la force de ses Armes victorieuses dans des Prouinces, où celles des Cesars mesme ne furent iamais portées : Ils voyent auec estonnement vne
Princesse qui a reduit vne partie du Dannemarc sous ses Loix,
& qui a gagné des Batailles sur Mer & sur Terre par ses Lieu-
tenans , qu'elle n'a pas moins animez de son courage, qu'assi-
stez de sa prudence : Ils reuerent vne Heroïne , qui a sçeu ioin-
dre la science à la valeur , & que l'on peut appeller la Pallas
Christine, ou la Pallas Chrestienne, puis qu'elle a reconcilié
dans son Auguste Personne, l'amour des Armes auec celuy des
Lettres ; mais rien ne les touche dauantage que la genereuse
fidelité qu'elle a tousiours conseruée pour cette Couronne, qui
n'a iamais pû estre esbranlée par ses interests ; Ce qu'elle fit
paroistre au siege des Pragues, qu'elle ne voulut point leuer ,
nonobstant les offres auantageuses qu'on luy pût faire, prote-
stant hautement qu'elle ne vouloit point traiter sans la France
auec ses ennemis ; Ils viennent voir ce miracle animé, qui s'ex-
plique en toutes sortes de Langues, à qui pas vn Peuple n'est
inconnu, qui les entend & qui leur respond sans interprete.
Enfin, MADAME, ils viennent admirer cette Reyne in-
comparable, qui s'éleuant iusques au Ciel , a méprisé les
Couronnes de la Terre, & qui apres auoir quitté son Royaume, ainsi qu'vn grand Empereur du dernier siecle , n'a point
effacé comme luy l'éclat d'vne si belle action par vn honteux
repentir, & qui plus constante que luy, persiste dans ce genereux dessein que tout le monde regarde auec estonnement.
Nous reuerons particulierement, MADAME , cette glo-
rieuse victoire que Vostre Maiesté a remportée sur elle-mes-
me, lors qu'assistée de la grace de Dieu , elle a quitté l'Here-
sie : & qu'elle en a ruiné le party en luy ostant son support &
son assistance. En la veuë de tant de merueilles qui nous es-
bloüissent, permettez-nous, MADAME, d'imiter ceux qui
ne pouuant mettre des Couronnes sur la teste des Statuës du
Soleil, luy brûloient quantité de parfums, dont la bonne
odeur montoit iusques au Ciel ; Que n'ayant point de paroles
pour exprimer nos pensées & vos vertus, nous ayons recours
aux prieres ; Que nous conjurions la Diuine Bonté d'acheuer
en vous son ouurage, & de vous conseruer long-temps icy bas,
pour la gloire & l'auantage de toute la Chrestienté : Ce sont,
MADAME , les respectueux & veritables sentimens des
tres-humbles & tres-obeïssans seruiteurs de Vostre Majesté ,
les Officiers de l'Election de Paris.

LETTRE
DV SIEVR
RANGOVZE,
ADRESSE'E AVDIT SIEVR
PRESIDENT FOVRNIER,

Extraite de la septiéme Partie de ses Lettres Heroïques du Temple de la Iustice.

Imprimée à Paris l'an 1657.

M ONSIEVR,

La reputation des plus Illustres n'éclate pas tout d'vn coup, & les tresors cachez sont ceux qui se découurent auec plus de surprise & d'estime. I'estois demeuré iusques icy dans l'ignorance, de ce que ie deuois le premier sçauoir depuis douze ou quinze ans que ie fais profession d'écrire, & la moindre action de toutes celles qui m'ont appris le rang que vous meritez dans l'Estat, m'a donné connoissance de toutes les autres. Vous tirez l'honneur de vostre naissance d'vn Pere qui a fleury de son temps entre les plus augustes Senateurs du Parlement de Paris, & qui dans le seruice de nos Roys & de la Couronne, a paru entre les plus grands hommes de l'Estat. La Fleur de Lys & les deux clefs que Henry le Grand voulut adjouster à ses Armes, nous en apprennent l'Histoire; & les témoignages que Henry III. luy laissa de son zele, viuront à la gloire de vostre posterité, comme les seruices de Mardochée pour le salut du grand Assuerus. Vous auez herité de son courage & de son zele, que vous auez porté au seruice de nostre ieune Monarque & de son Estat,

&il semble que tous les grandes occasions où vous pouuiez
montrer cette fermeté inuiolable que vous auez pour voftre
Prince & pour voftre Patrie, vous ayent efté referuées par droit
de fucceffion. Vous fuftes nommé à l'Efcheuinage en 1647. &
vous vous trouuaftes en cette Charge durant le defordre de
1648. iufques à la Paix de Ruel. Vous fuftes deputé du Corps
de Ville pour aller porter au Roy la parole de fon obeïffance,
& vous vous en acquitaftes auec tant de capacité, d'eloquence
& de ferueur, que vous tiraftes les larmes des yeux de toute la
Cour. Vous fuftes nommé apres cette celebre action pour affifter de la part de la Ville à la Conference de Ruel, & nous
pouuons dire que vous y fuftes l'ame de ce grand Corps, qui
conuertit heureufement toutes les menaces de la tempefte en
calme. L'vne des principales agitations confiftoit au payement
des Rentes, & pour en appaifer le murmure par vn trait digne
de voftre iugement, vous obtintes de fa Maiefté pour les Rentiers, la faculté d'y nommer des Directeurs : Ils vous nomme-
rent des premiers à cette Direction, & voftre probité fi recom-
nuë de tout le monde, mit l'efprit des deux tiers de la Ville en
repos. Tous les peuples de l'Eflection refpirent fous voftre
Charge au milieu des miferes publiques, comme fous leur Ange Tutelaire, & les foins & les ordres que vous y apportez, font
par tout de neceffité vertu. Ie ne fais point de difficulté de
mefler les petites chofes parmy les grandes, parce qu'en matie-
re d'eftat, elles dépendent toutes les vnes des autres, comme
les membres de leur chef, & que c'eft la premiere fcience de la
Politique où vous excellez de les fçauoir r'allier. Mais pour finir, ie reuiens à mon commencement, & ne me puis taire de
cette eloquente Harangue que vous auez faite à la Reyne de
Suede, & de la grace auec laquelle vous l'auez prononcée, qui
a rauy cét efprit tranfcendant, & qui contraint les plus fçauans
& les plus delicats, d'aduoüer qu'il n'y a point de belles lumie-
res qui vous foient cachées Ie vous fupplie d'en receuoir ce petit témoignage de ma plume, & de me faire l'honneur de me
croire,

MONSIEVR,

*Voftre tres-humbles & tres-obeïffant
feruiteur, RANGOVZE.*

HARANGVE
FAITE
AV ROY,
SVR LA PAIX
ET
SON MARIAGE,

Par les Officiers de l'Eſlection de Paris,
par la bouche dudit Sieur FOVRNIER,
leur Preſident.

Le 28. Aouſt 1660.

IRE,

    Il eſt impoſſible de repreſenter à Voſtre Majeſté, la joye
& le contentement des Officiers de cette Compagnie, qui
prenant part à la felicité publique, ſont obligez de recon-
noiſtre, que Voſtre Majeſté ayant renoncé aux grands ad-

I

uantages , que fa Valleur & la Iuftice de fes Armes luy
pouuoient accorder , a mieux aimé pouruoir à l'vrgente neceffité de fes Sujets , les faifant joüir de la Paix qui leur
eftoit fi neceffaire ; Dans l'admiration d'vn fi grand bien, nous
adorons l'Ordre de la diuine Prouidence , qui a voulu qu'vn
DIEV-DONNE', comme Voftre Majefté, en fuft l'Autheur
& le Difpenfateur. La France, SIRE, ne fera pas feule qui
en profitera , toute la Chreftienté en tirera des grands aduantages ; il fe rencontrera , fans doute , qu'vn defcendant
de Saint Louys , reftablira quantité de Chreftiens mal-heureux & affligez qui gemiffent fous le ioug infuportable des ennemis de la Foy & du Saint Nom de Dieu : n'en doutez pas,
SIRE , leurs diuorces & leurs diuifions frequentes , vous
preparent les voyes tres-affeurées à vne fi fainte Entreprife.
Quand vous eftes , SIRE , arriué à la Couronne, Voftre
Maiefté fuft obligée d'employer fes tendres mains à reme-
dier aux maux qu'elle n'auoit pas fait ayant trouué la Guerre declarée contre celuy qui eftoit lors l'Ennemy de cét
Eftat , & qui fe flattoit ainfi que les Roys fes Predeceffeurs
de la Monarchie vniuerfelle : Le Ciel en a difpofé autre-
ment , qui a pris la protection de ce Royaume , fi fagement conduit durant voftre Minorité , par la Reyne voftre
tres - digne Mere. Ha ! SIRE , Nous n'auons point de
paroles pour exprimer les merites & les vertus de cette grande Princeffe qui a conduit Voftre Maiefté fur le Trofne , parmy les Triomphes , & les Trophées , & qui durant fa Regence , l'a rendu abfolu , Conquerant & Victorieux , heureufe-
men fecondée des fages & prudents confeils de ce Grand
Cardinal , que la vertu a efleué au Miniftere , que l'enuie
n'a peu abaffer , & qui par fon admirable conduite, a fous
les heureux aufpices de Voftre Maiefté , acheué glorieu-
fement l'œuure de la Paix tant fouhaitée de tous vos Peuples , qui efperent d'en tirer de grands aduantages , s'il
plaift à Voftre Maiefté , faire reflexion fur l'Eftat mal-heureux & deplorable de ceux qui font contribuables aux Tailles & fubfiftances , & d'imiter en ce rencontre , le Grand
Henry , Ayeul de Voftre Majefté, qui auoit tant de tendreffe pour fes Sujets : Ce bon Roy apres la Paix de Veruins
leur accorda vne notable defcharge , & pour la faire valoir
fit cét admirable Reglement de 1600 qui rendoit à l'Eglife

ſes libertez, à la Nobleſſe ſes priuileges, aux Officiers, la plaine fonction de leurs Offices, que nous ne ſerons plus troublez en l'exercice de nos Charges, & y agiſſant librement, nous rendrons à vos Sujets vne Iuſtice ſommaire : nous leur ferons connoiſtre que le bien, le repos & la tranquillité dont ils joüiront, que ce ſont les fruits des veilles, des peines, & des ſoins de Voſtre Maieſté : nous leur ferons aduoüer, qu'ayant eſté touſiours bon Fils, fidel Eſpoux, que vous leur ſerez auſſi bon Pere, & que vous ne negligerez pas de prendre ce beau Nom de Pere du Peuple ſi ardemment ſouhaité d'vn Roy Predeceſſeur de Voſtre Maieſté, & proſternez aux pieds de Voſtre Maieſté, nous l'aſſeurons d'agir en l'exercice de nos Charges, auec candeur & ſincerité, pour meriter ce titre glorieux que nous ſouhaittons paſſionément des tres-humbles, tres-obeïſſans & tres-fidels Suiets & Seruiteurs de Voſtre Maieſté, les Officiers de l'Eſlection de veſtre bonne Ville de Paris.

HARANGVE
FAITE
A LA REYNE
REGNANTE,
SVR
SON MARIAGE
ET LA PAIX,

Par les Officiers de l'Eslection de Paris, par
la bouche dudit Sieur FOVRNIER,
leur President.

Le 28. Aoust 1660.

ADAME,

Les François sur tous les Peuples de la Terre ont toûjours eu
cét auantage & ce titre glorieux d'auoir vn Amour & vn Respect extraordinaire pour leurs Monarques, qui au dire d'vn
grand Pere de l'Eglise surpassent autant en pieté & en grandeur

deur les Roys des autres Nations, comme ces Princes excellent fur tous les autres Hommes de l'Vniuers ; Dans cette reconnoiſſance publique, proſternez aux pieds de vôtre Majeſté nous prenons la liberté de luy donner de veritables aſſeurances de nos tres - humbles deuoirs , & de nos obeïſſances, de luy dire qu'eſtant Reyne de France, Eſpouſe de Roy tres-Chreſtien, le Fils Aiſné de l'Egliſe, vôtre Maieſté n'a perſonne en ce monde qui lui ſoit comparable : que nous admirons les belles & rares qualité d'eſprit & de corps que voſtre Maieſté poſſede ſi puiſſamment, que nous honorons auec toutes les ſoûmiſſions poſſibles. L'origne tres-auguſte que vous tirez du plus pur ſang de tant d'Empereurs , & de tant de Roys , particulierement de Saint Louys & d'Henry le Grand , qui par leurs rares vertus ont merité ces tiltres & ces qualités de Saint & de Grand ; que nous reconnoiſſons que voſtre Maieſté a mis la fin à vne cruelle guerre qui a duré vingt-cinq ans ſans aucun relaſche : & en verité, MADAME, il n'y auoit que voſtre Maieſté ſeule qui fuſt cepable en cette mal - heureuſe conionĉture de vaincre deux grands Monarques, vn Pere & vn Eſpoux, & de les porter de donner à leurs Sujets cette aymable Paix, chere Fille du Ciel, Mere feconde des biens de la Terre : Il y a vn ſiecle reuolu, que le Mariage d'vne Fille de France auec vn des Ayeux de voſtre Maieſté, qui pour ſes belles qualitez fut appellé le Salomon de ſon temps, termina tous les differens de ces deux grandes Monarchies, nous ſouhaittons de tout noſtre cœur, MADAME, que le Mariage de voſtre Maieſté auec noſtre Incomparable DIEVDONNE', puiſſe produire de pareils effets que la Chreſtienté tire quelque auantage de l'Alliance de deux ſi pieuſes & ſi puiſſātes Couronnes, que la diuine bonté beniſſe voſtre Couche Royale d'vne heureuſe fecondité & d'vne floriſſante poſterité ; qu'en ſuitte de tant de biens & de tant d'auantages, nous puiſſions trouuer la fin de nos maux & de nos miſeres , par la Paix que nous apporte voſtre Auguſte Mariage, pour la durée & la proſperité duquel nous adreſſerons nos veux inceſſamment au Ciel, & ſupplions tres-humblement voſtre Maieſté d'honorer les Officiers de cette Compagnie de ſa bien-veillance, qu'ils taſcheront de meriter par les ſeruices qu'ils luy rendront auec le zele, la fidelité & l'obeïſſance que doiuent ceux qui ſont veritablement les tres-humbles, tres-obeïſſans & tres-fidels Suiets & Seruiteurs de voſtre Maieſté, les Officiers de l'Eleĉtion de Paris.

K

HARANGVE
FAITE
AV ROY,
A FONTAINE BLEAV

Par les Officiers de l'Eflection de Paris,
ledit Sieur FOVRNIER leur Prefident,
portant la parole, pour remercier fa
Majefté, de les auoir exceptez de la
fupreffion de la Declaration du mois
d'Aouft 1661.

Le 29. Aouft 1661.

SIRE,

Dans le fouuenir qu'ont les Officiers de cette Compagnie,
que voftre Maiefté par vne bonté qui luy eft naturelle accom-
pagnée

pagnée d'vne grand prudence, les exemptant de la fuppreffion
portée par la Declaration du mois de Mars 1654. les traitta fi
fauorablement, qu'ils furent garentis du naufrage dont ils
eftoient menacez, puifque leur vaiffeau fans doute euft coulé
à fonds, s'ils n'euffent trouué en Voftre Maiefté vn Pilotte
charitable qui les fift heureufement furgir au Port : Nous vous
en tefmoignâmes, SIRE, noftre reconnoiffance, dont le zele
fuft le merite, ne pouuant fatisfaire à vôtre Maiefté que de vo-
lonté & de penfée, apres l'auoir de nouueau affeurée de nôtre
fidelité inuiolable & de la continuation de nos deuoirs en l'e-
xercice de nos Charges. Mais que ne deuons nous point faire à
prefent, SIRE, dans vn furcroift de bon-heur fi furprenant qui
remplit nos cœurs de tant de gratitudes, qu'ils font plus humi-
liez que nos corps, bien qu'ils foient profternez aux pieds de
voftre Maiefté, en l'admiration de voftre bonté fi merueilleufe?
N'eft-elle pas, SIRE, en effet fans exemple, elle nous exempte
de la rigueur de la Declaration du prefent mois d'Aouft, portée
en voftre Cour des Aydes, & verifiée en prefence de Monfeigneur Frere Vnique de voftre Maiefté, par laquelle il paroift
que vous nous auez comblé égallemene & de biens & de faueurs pour ñous conferuer & maintenir en la fonction de nos
Charges, fans y donner aucune atteinte. Toutes ces nouuelles
graces, dont la grandeur nous eftonne, remplit nos Ames d'vn
fentiment de refpect & de reconnoiffance. Nous n'auons que
des vœux pour offrir à voftre Maiefté pour la continuation de
fes profperitez, l'affeurant qu'à fon égard nous ferons toûjours femblables à cette fleur, qui ne fe tourne iamais que
du cofté du Soleil, que rendant à vos Sujets vne Iuftice fom-
maire, nous ferons en forte de les rendre capables de pouuoir
plus promptement & facilement porter leurs deniers aux
Bureaux de vos Aydes, de vos Tailles & Subfiftances; que nous
conferuerons & maintiendrons dans leurs Priuileges les Officiers de voftre Maiefté & de toutes les Maifons Royalles ; que
nos vies, nos biens & nos fortunes feront entierement foûmifes
à l'authorité de vôtre Maiefté qu'en tous lieux, qu'en toutes
rencontres, & qu'en toutes occafions où il plaira à voftre Maiefté nous honorer de fes Commandemens, nous les executerons
promptement, franchement & fidellement; pour finir, SIRE,

cette action de grace, en pleine verité nous ne ferons iamais
autres que les tres-humbles, tres-obeïſſans & tres-fidels
Sujets & Seruiteurs, de voſtre Majeſté, les Officiers de l'Eſlection de Paris.

www.ingramcontent.com/pod-product-compliance
Ingram Content Group UK Ltd.
Pitfield, Milton Keynes, MK11 3LW, UK
UKHW021016120726
13693UKWH00005B/2019